Pour une paix durable en Ukraine

Si vis pacem, para bellum

Du même auteur :

- Hasard et volonté Edition BOD
  ISBN 9 782322 082650 janvier 2018

- Internet c'est foutu   Et alors ... Edition BOD
  ISBN 9 782322 138944 mars 2023

Pour une paix durable en Ukraine

Henri CESTIA

Édition : BoD · Books on Demand GmbH, In de Tarpen 42, 22848 Norderstedt (Allemagne)
Impression : Libri Plureos GmbH, Friedensallee 273, 22763 Hambourg (Allemagne)

ISBN : 978-2-3225-5533-8
Dépôt légal : septembre 2024

Sommaire

A 21 ans (en 1970) nous pensions que l'équilibre des forces entre le bloc soviétique et le reste du monde empêchait toute possibilité de guerre. A partir de 1991 après la chute du mur nous pensions que l'UE et la Russie pouvaient s'entendre et vivre en paix. Une telle alliance nous paraissait une chance pour l'humanité et la prospérité de notre continent. En 2022, avec l'invasion de l'Ukraine par la Russie nos rêves se sont brutalement et douloureusement envolés. Comprendre les enjeux géostratégiques de cette période de 50 ans telle est l'ambition de ce petit livre écrit avec l'aide de Chat GPT openia.com.

L'IA n'est pas l'auteur de ce livre mais mon simple assistant. Les textes ont une typographie distincte selon qu'il sont écrits par l'auteur ou ont été générés par Chat GPT :

Texte de l'auteur

> Texte de Chat GPT

L'IA permet à partir des écrits disponibles sur la toile d'obtenir une synthèse sur une question précise. Ces synthèses générées par Chat GPT en réponse aux questions posées expriment donc une sorte de consensus mondial qu'il m'a semblé intéressant d'introduire dans mon livre pour éclairer parfois mon propre point de vue. L'utilisation de Chat GPT m'a aussi évité la rédaction de longs développements descriptifs nécessaires à la compréhension de ma pensée.

Sans la quantité importante de connaissances présentent sur la toile sous forme de textes écrits par l'homme l'IA serait incapable de fonctionner. Ce n'est donc pas demain la veille que l'IA pourra complétement remplacer l'homme et prendre le contrôle de la planète... autant rassurer ceux que l'arrivée de cette technologie pourrait inquiéter.

Si tu veux la paix, prépare la guerre. C'est pour avoir oublié cette sagesse antique que la guerre est revenue en Europe. C'est ce que nous décrirons dans les chapitres suivants.

Cette sage vérité inspira le général de Gaulle lorsqu'il décida de doter la France de la bombe nucléaire. Mais à partir de 1991 lorsque l'Europe se réjouissait de l'effondrement de l'URSS, on se mit à rêver d'une bonne entente entre la Russie et l'UE, stratégie constante de Jacques Chirac à Nicolas Sarkozy bien accueillie alors par Vladimir Poutine qui voyait là les avantages économiques d'une telle alliance.

De la dernière guerre mondiale à 1991, la période de paix improprement appelée *« guerre froide »* s'est terminée avec l'effondrement de l'URSS. *« Il est temps de toucher les dividendes de la paix »* telle fut alors la stratégie adoptée unanimement par l'Europe et plus particulièrement par l'Union Européenne(UE).

La sagesse antique

"Si vis pacem, para bellum" est une locution latine qui signifie : "Si tu veux la paix, prépare la guerre". Cette expression résume une doctrine militaire et politique selon laquelle la meilleure façon de maintenir la paix est de se préparer à la guerre.

Cette phrase est souvent attribuée à l'écrivain romain Végèce, qui a écrit au IVe siècle un traité intitulé Epitoma rei militaris (ou De re militari), dans lequel il discute des stratégies militaires et de l'importance de la préparation militaire. Cependant, il est possible que l'idée existait avant lui.

La maxime repose sur l'idée que la force ou la capacité militaire dissuade les adversaires potentiels d'attaquer. Si un pays ou une entité est bien préparé militairement, les autres hésiteront à l'agresser, car ils savent que la réponse sera puissante et potentiellement dévastatrice.

Le principe sous-jacent est celui de la dissuasion. En affichant une puissance militaire suffisante, un État peut éviter la guerre, car ses ennemis potentiels craindront les conséquences d'un conflit.

L'expression insiste sur l'importance de ne jamais baisser la garde. Même en temps de paix, il est crucial de maintenir une armée prête à agir, car la paix peut être fragile et les menaces peuvent surgir à tout moment.

Cette doctrine peut cependant être critiquée pour son cynisme et sa tendance à alimenter une course aux armements. Certains pensent que préparer la guerre, même avec l'intention de maintenir la paix, peut en fait exacerber les tensions internationales et rendre le conflit plus probable.

La période de la Guerre froide est un exemple où cette maxime a été mise en pratique, avec les États-Unis et l'Union soviétique maintenant des arsenaux nucléaires gigantesques pour dissuader l'autre de lancer une attaque.

Beaucoup de pays modernes adoptent encore cette approche, en investissant massivement dans leurs capacités militaires pour assurer leur sécurité et dissuader d'éventuels agresseurs.

"Si vis pacem, para bellum" reste une phrase puissante qui a traversé les siècles pour exprimer une vérité dure sur les relations internationales et la sécurité. Elle souligne le paradoxe de la paix, souvent maintenue non pas par la seule diplomatie ou la coopération, mais par la capacité à se défendre et à infliger des pertes inacceptables à un agresseur.

Aujourd'hui la guerre en Ukraine menace la paix sur tout le continent européen. Comment en est-on arrivé là. Les erreurs sont nombreuses nous allons essayer de les identifier après avoir décrit le contexte de la fin de la guerre froide.

<u>La réduction des dépenses militaires</u>

L'expression "Il est temps de toucher les dividendes de la paix" est souvent utilisée pour décrire le moment où, après une période de conflit ou de tensions militaires, une société ou un pays peut commencer à profiter des avantages économiques, sociaux et politiques de la paix. Les "dividendes de la paix" font référence aux ressources, généralement financières, qui deviennent disponibles lorsque les dépenses militaires sont réduites, permettant ainsi de réorienter ces fonds vers des secteurs civils, comme l'éducation, la santé, les infrastructures ou les initiatives sociales.

Cette expression a été particulièrement popularisée à la fin de la Guerre froide, lorsque les dépenses militaires dans les grandes puissances comme les États-Unis et l'Union soviétique ont diminué, ouvrant la possibilité de réinvestir ces ressources dans des initiatives de développement économique et social. L'idée était que la fin de la confrontation militaire directe permettait de récolter des "dividendes" en réaffectant les budgets autrefois consacrés à la défense.

Dans un contexte plus large, l'expression peut être utilisée chaque fois qu'un conflit ou une période de grande tension prend fin. Par exemple, après un accord de paix dans une région conflictuelle, les gouvernements peuvent réduire leurs dépenses militaires et se concentrer sur la reconstruction et le développement économique.

Les fonds autrefois destinés à la défense peuvent être redirigés vers des projets qui stimulent la croissance économique, améliorent la qualité de vie, et renforcent les infrastructures sociales.

Une période de paix permet souvent une plus grande stabilité politique et sociale, favorisant ainsi un environnement propice à l'investissement, à l'innovation et au commerce.

Les "dividendes de la paix" peuvent être utilisés pour améliorer l'éducation, la santé, et les services sociaux, contribuant à un développement humain plus équilibré et inclusif.

Dans certains cas, les bénéfices de la paix ne sont pas également répartis au sein de la société. Les ressources libérées peuvent parfois être captées par des élites ou mal gérées, ce qui limite leur impact sur la population en général.

Si les "dividendes de la paix" ne sont pas utilisés de manière appropriée pour renforcer la cohésion sociale et économique, il y a un risque que de nouvelles tensions émergent, alimentées par les inégalités ou les frustrations.

Un autre défi consiste à maintenir un équilibre entre la réduction des dépenses militaires et le besoin de rester vigilant face à d'éventuelles menaces. Une réduction excessive des capacités de défense pourrait, à long terme, exposer un pays à de nouveaux risques.

L'idée de "toucher les dividendes de la paix" reflète l'espoir que la fin des conflits permette de construire une société plus prospère, juste et pacifique. Cependant, pour que ces dividendes soient réellement profitables à l'ensemble de la population, il est essentiel que les ressources libérées soient gérées de manière efficace, équitable et transparente. C'est une opportunité précieuse, mais qui nécessite une planification soigneuse et un engagement politique fort pour transformer les gains potentiels en réalité tangible pour tous.

La fin de la guerre froide, qui s'est déroulée entre la fin des années 1940 et le début des années 1990, marque un tournant historique majeur dans l'histoire du XXe siècle. Ce conflit idéologique, politique et militaire opposait les deux superpuissances mondiales : les États-Unis et l'Union soviétique, ainsi que leurs alliés respectifs, dans un contexte de rivalité bipolaire.

La guerre froide a commencé peu après la fin de la Seconde Guerre mondiale, alors que les tensions entre les États-Unis, défenseurs du capitalisme et de la démocratie libérale, et l'Union soviétique, promoteur du communisme, se sont intensifiées. Bien que ces deux superpuissances n'aient jamais été directement en guerre, elles se sont affrontées à travers des guerres par procuration, des courses aux armements (y compris la prolifération nucléaire), des conflits idéologiques, et une compétition pour l'influence mondiale.

Dans les années 1980, plusieurs facteurs ont contribué à l'affaiblissement du bloc communiste et à la fin de la guerre froide :

L'économie soviétique, planifiée et centralisée, s'est montrée de plus en plus inefficace, incapable de rivaliser avec le dynamisme économique des pays capitalistes.

La course aux armements, particulièrement sous l'impulsion de la doctrine Reagan, a exacerbé les difficultés économiques de l'URSS, qui devait consacrer une part énorme de ses ressources à la défense.

L'arrivée au pouvoir de Mikhaïl Gorbatchev en 1985 a marqué un tournant. Ses politiques de *« glasnost »* (transparence) et de *« perestroïka »* (restructuration) visaient à réformer l'Union soviétique de l'intérieur, mais ont également ouvert la voie à une libéralisation politique et à des contestations accrues.

Événements majeurs vers la fin de la guerre froide :

1989 : Chute du mur de Berlin : Le 9 novembre 1989, le mur de Berlin, symbole de la division Est-Ouest, est ouvert, marquant le début de la fin pour le régime communiste en Allemagne de l'Est et dans d'autres pays du bloc de l'Est.

1990 : Réunification de l'Allemagne : L'Allemagne est officiellement réunifiée le 3 octobre 1990, scellant la fin de la division de l'Europe.

1991 : Dissolution de l'Union soviétique : En décembre 1991, l'Union soviétique se désintègre officiellement, avec la démission de Gorbatchev le 25 décembre et la déclaration de l'indépendance des républiques soviétiques, marquant la fin du bloc communiste.

La fin de la guerre froide a entraîné la disparition du bloc soviétique et une réorganisation géopolitique mondiale. Elle a également marqué la fin du monde bipolaire, laissant les États-Unis comme la seule superpuissance mondiale, avec un système international dominé par le capitalisme et la démocratie libérale.

Les relations internationales ont évolué vers un monde unipolaire, mais aussi multipolaire avec l'émergence de nouvelles puissances comme la Chine et l'Union européenne. Les anciens États communistes ont été confrontés à des défis de transition vers l'économie de marché et la démocratie, avec des succès variés.

La fin de la guerre froide a aussi influencé la politique internationale, en réduisant le risque d'un conflit nucléaire global, mais a également vu l'émergence de nouveaux types de conflits et de défis, comme les guerres ethniques et le terrorisme international.

LES POLITIQUES BISOUNOURS

Ce sont les politiques menées depuis 1991. A partir de 1991, les effectifs et budgets militaires fondirent alors en Europe comme neige au soleil. Seule la France dans le périmètre actuel de l'UE, continua à engager des dépenses importantes pour entretenir son arme de dissuasion nucléaire, ce qui dans cette période de concurrence économique soigneusement maintenue par l'UE entre les états membres, défavorisa la France par rapport à l'Allemagne qui avait pu vivre en paix depuis le dernier conflit mondial sans budget militaire.

L'expression "politiques bisounours"

L'expression "politiques bisounours" est utilisée de manière péjorative pour désigner des approches politiques ou des attitudes perçues comme naïves, irréalistes ou excessivement optimistes. Le terme "bisounours" fait référence aux personnages de la série d'animation pour enfants "Les Bisounours" (ou "Care Bears" en anglais), qui sont connus pour leur bienveillance, leur gentillesse et leur vision idéaliste du monde.

Les politiques qualifiées de "bisounours" sont souvent accusées d'ignorer les réalités complexes du monde, en particulier les aspects négatifs ou conflictuels des relations humaines, des affaires internationales ou des dynamiques sociales.

On reproche à ces politiques de croire que des problèmes difficiles peuvent être résolus simplement par de bonnes intentions, par le dialogue ou par des actions perçues comme symboliques plutôt que pragmatiques.

Les détracteurs des "politiques bisounours" soulignent souvent que ces approches ne tiennent pas suffisamment compte des rapports de force, des enjeux géopolitiques, économiques ou des intérêts divergents qui façonnent le monde.

Certains critiques estiment que les "politiques bisounours" peuvent conduire à des situations où l'État ou les institutions concernées apparaissent faibles ou vulnérables face à des adversaires plus pragmatiques ou cyniques.

Dans le contexte de la diplomatie, une approche qualifiée de "bisounours" pourrait consister à privilégier les négociations et les compromis sans tenir compte de l'agressivité ou des intentions hostiles de certaines puissances. Par exemple, être trop conciliant envers un régime autoritaire qui ne montre aucune volonté de respecter les droits humains ou de désarmer.

Dans la gestion des affaires domestiques, une politique "bisounours" pourrait être celle qui minimise les enjeux sécuritaires ou sociaux, croyant que la simple mise en œuvre de mesures d'entraide ou de dialogue suffira à résoudre des problèmes complexes comme la criminalité ou les inégalités.

Ceux qui dénoncent les "politiques bisounours" les voient comme potentiellement dangereuses, car elles sous-estiment les risques et les défis réels, pouvant ainsi conduire à des échecs ou à des situations où l'État ou les institutions sont perçus comme incapables de protéger ou de défendre les intérêts de la société.

À l'inverse, certains pourraient défendre ces approches en arguant que l'empathie, la recherche de solutions pacifiques et le refus de céder au cynisme ou à l'agressivité sont des valeurs essentielles pour une société humaine et juste. Ils pourraient aussi souligner que, bien qu'idéalistes, ces politiques encouragent des changements positifs à long terme.

Conclusion : L'expression "politiques bisounours" reflète une critique souvent adressée aux approches jugées trop idéalistes ou insuffisamment ancrées dans les réalités du pouvoir et des rapports de force. Cependant, elle simplifie souvent des débats complexes, où l'équilibre entre réalisme et idéalisme est crucial pour répondre aux défis contemporains.

Dans cette période de fin de la guerre froide Angela Merkel et son prédécesseur nouèrent avec la Russie des relations commerciales privilégiées lui permettant un approvisionnement énergétique favorable à la croissance économique de l'Allemagne au détriment des autres pays de l'UE.

Les relations commerciales privilégiées entre l'Allemagne et la Russie

Les relations commerciales privilégiées entre l'Allemagne et la Russie, particulièrement en ce qui concerne l'approvisionnement énergétique, ont été un sujet de débat et de controverse au sein de l'Union européenne. Sous la direction d'Angela Merkel et de son prédécesseur Gerhard Schröder, l'Allemagne a effectivement développé des relations étroites avec la Russie, en grande partie motivées par des considérations économiques, notamment l'accès aux ressources énergétiques russes.

Pendant son mandat de chancelier (1998-2005), Gerhard Schröder a renforcé les liens avec la Russie, notamment en soutenant des projets énergétiques majeurs comme le gazoduc Nord Stream. Après son départ de la politique, Schröder a même rejoint des postes de direction dans des entreprises énergétiques russes, ce qui a soulevé des critiques sur un éventuel conflit d'intérêts.

Succédant à Schröder, Angela Merkel a maintenu une politique de coopération énergétique avec la Russie, bien que plus prudente. Le projet Nord Stream 2, lancé pendant son mandat, est devenu un symbole des relations énergétiques étroites entre l'Allemagne et la Russie, suscitant des inquiétudes chez certains partenaires européens et aux États-Unis.

L'Allemagne a assuré une partie significative de son approvisionnement en gaz naturel grâce à ses relations avec la Russie, ce qui a soutenu son industrie et contribué à la stabilité des prix de l'énergie.

Le gaz russe, souvent moins cher et plus accessible, a aidé l'Allemagne à maintenir sa compétitivité industrielle, renforçant ainsi sa position économique dominante en Europe.

Cette politique a accru la dépendance de l'Allemagne, et dans une certaine mesure de l'UE, vis-à-vis de la Russie pour ses approvisionnements énergétiques, exposant ainsi le bloc à des risques géopolitiques.

Certains pays de l'UE ont critiqué l'Allemagne pour avoir privilégié ses intérêts nationaux au détriment de la solidarité européenne, notamment en contournant les voies d'approvisionnement traditionnelles via l'Ukraine, ce qui a affaibli la position de cette dernière face à la Russie.

Les relations énergétiques entre l'Allemagne et la Russie ont alimenté des tensions au sein de l'UE, certains États membres estimant que l'Allemagne profitait de sa position pour bénéficier d'une énergie à moindre coût, tout en négligeant les préoccupations sécuritaires des autres membres, notamment ceux d'Europe de l'Est.

La situation a évolué avec l'invasion de l'Ukraine par la Russie en 2022, qui a conduit à une réévaluation drastique des relations énergétiques entre l'Allemagne et la Russie. Sous la pression des événements et des sanctions internationales, l'Allemagne a commencé à réduire sa dépendance au gaz russe, cherchant à diversifier ses sources d'énergie. Cela a également réanimé le débat sur l'équilibre entre les intérêts nationaux et la solidarité européenne.

Si les relations commerciales privilégiées entre l'Allemagne et la Russie ont indéniablement contribué à la croissance économique de l'Allemagne, elles ont aussi soulevé des questions sur la dépendance énergétique, la solidarité européenne, et la gestion des relations avec un partenaire aussi complexe que la Russie. L'approche allemande a souvent été perçue comme étant bénéfique pour son économie, mais potentiellement problématique pour l'ensemble de l'Union européenne.

Être doté de la bombe a persuadé l'UE et notamment la France depuis 1991 jusqu'à un passé récent que cela seul suffisait à assurer notre défense. Erreur majeure. L'actualité nous montre que l'incursion de l'Ukraine en Russie n'a pas déclenché le feu nucléaire. Même si les états « *dotés* » ne sont pas très explicites sur les règles d'engagement de l'arme nucléaire, il est une constante pour tout les états dotés : l'atteinte des intérêts vitaux de la nation. Le Général de Gaulle s'est opposé à ceux qui auraient voulu que la doctrine de la France soit d'engager le feu nucléaire dès la violation de ses frontières. C'est pour cette raison que les forces de l'OTAN se sont dotées de forces conventionnelles pour pouvoir se porter assistance dès la première violation des frontières d'un état membre (article 5 du pacte).

<u>La dissuasion nucléaire</u>

La dissuasion nucléaire est souvent présentée comme une garantie de paix, un concept basé sur l'idée que la possession d'armes nucléaires dissuade les adversaires de lancer une attaque, par crainte de représailles dévastatrices. Cette doctrine, connue sous le nom de "destruction mutuelle assurée" (MAD, pour Mutually Assured Destruction), a été un pilier de la stratégie de sécurité mondiale pendant la Guerre froide et reste un élément central dans les relations internationales entre les puissances nucléaires.

La logique veut que les pays nucléaires évitent les confrontations directes qui pourraient mener à une guerre nucléaire, car les conséquences seraient catastrophiques pour toutes les parties. Depuis la Seconde Guerre mondiale, il n'y a pas eu de conflit armé direct entre les grandes puissances nucléaires, ce qui pourrait être interprété comme un succès de la dissuasion.

La possession d'armes nucléaires par plusieurs États crée une sorte d'équilibre de la terreur. Aucun pays ne voudrait risquer une escalade nucléaire, ce qui pourrait inciter les

États à se montrer plus prudents dans leurs actions militaires.

Même dans les conflits régionaux, la dissuasion nucléaire peut jouer un rôle indirect en décourageant les attaques ou les agressions contre des États protégés par une "ombre nucléaire", c'est-à-dire des alliances militaires avec des puissances nucléaires.

Cependant les tensions entre puissances nucléaires peuvent, en cas de mauvaise communication, de malentendus ou d'accidents, mener à une escalade involontaire vers un conflit nucléaire, comme en témoignent plusieurs incidents survenus pendant la Guerre froide.

La dissuasion repose sur le principe que seuls quelques États possèdent des armes nucléaires. Toutefois, cette logique peut encourager d'autres pays à développer leurs propres arsenaux pour garantir leur sécurité, augmentant ainsi le risque global de conflit nucléaire.

La dissuasion nucléaire ne résout pas les causes profondes des conflits. Elle crée une illusion de sécurité, tandis que des tensions et des hostilités sous-jacentes peuvent persister, voire s'aggraver.

Les dépenses colossales nécessaires au maintien et au développement des arsenaux nucléaires détournent des ressources qui pourraient être investies dans des domaines comme le développement économique, la santé, ou la lutte contre le changement climatique.

La dissuasion nucléaire a joué un rôle dans la prévention des conflits majeurs entre puissances nucléaires, mais elle n'est pas sans risques. La paix ainsi garantie repose sur un équilibre fragile, où une erreur ou une mauvaise interprétation pourrait avoir des conséquences désastreuses. La question reste de savoir si cette paix fondée sur la menace de destruction totale est véritablement durable et éthique à long terme.

L'incursion de l'Ukraine en Russie n'a effectivement pas déclenché une réponse nucléaire de la part de la Russie, malgré les craintes que de telles actions pourraient provoquer une escalade majeure. Cette situation met en lumière plusieurs aspects importants du conflit et des stratégies de dissuasion en place.

La Russie possède une doctrine nucléaire qui stipule l'utilisation des armes nucléaires principalement en réponse à une attaque nucléaire contre elle ou ses alliés, ou si l'existence même de l'État russe est menacée par une agression conventionnelle. Les incursions ukrainiennes, bien que provocatrices, n'ont pas atteint ce seuil de menace existentielle pour la Russie. Cela montre que, malgré une rhétorique parfois alarmiste, la Russie reste conforme à sa doctrine nucléaire.

Les incursions menées par l'Ukraine sur le territoire russe ont été limitées en portée et en intensité. Elles étaient souvent des actions ciblées, visant des infrastructures militaires ou logistiques, plutôt que des attaques massives sur des zones civiles ou des cibles stratégiques vitales pour la Russie. Cette limitation a probablement contribué à éviter une escalade vers l'utilisation d'armes de destruction massive.

Toute utilisation d'armes nucléaires aurait des conséquences internationales catastrophiques pour la Russie, notamment en termes de représailles politiques, économiques et militaires. La communauté internationale, y compris des acteurs comme la Chine ou l'Inde, qui entretiennent des relations importantes avec la Russie, exercerait une pression considérable pour éviter un tel scénario.

L'utilisation d'armes nucléaires par la Russie dans une situation qui ne constitue pas une menace existentielle pour l'État aurait des conséquences désastreuses pour la crédibilité de la Russie sur la scène internationale, même parmi ses alliés. Cela pourrait également déclencher une prolifération nucléaire mondiale, ce qui serait contre les intérêts de la Russie à long terme.

L'absence de réponse nucléaire montre que la dissuasion conventionnelle reste un outil puissant. Les opérations militaires conventionnelles, même sur le territoire d'un pays possédant l'arme nucléaire, ne conduisent pas nécessairement à une escalade nucléaire.

En ne répondant pas par le nucléaire, la Russie envoie un signal qu'elle n'est pas prête à franchir ce seuil, ce qui pourra t être interprété comme une tentative de maintenir le conflit dans le cadre des règles conventionnelles, malgré les provocations.

L'absence de recours au nucléaire signifie que le conflit reste limité à des actions conventionnelles, mais cela ne réduit pas pour autant les dangers du conflit. La guerre reste intense, et les risques d'escalade, bien que non nucléaires, sont toujours présents.

L'incursion de l'Ukraine en Russie n'a pas déclenché une réponse nucléaire, en grande partie parce que les actions ukrainiennes n'ont pas menacé la survie de l'État russe, et parce que les doctrines nucléaires, la pression internationale, et les implications stratégiques ont contenu les réactions russes. Cela montre que, même dans un conflit intense, les seuils pour l'utilisation des armes nucléaires restent très élevés, ce qui est un facteur stabilisateur crucial dans les relations internationales actuelles.

OTAN article 5 du pacte

L'article 5 du traité de l'Organisation du Traité de l'Atlantique Nord (OTAN) est un élément central du pacte de défense collective qui lie les membres de l'alliance. Voici une explication détaillée de cet article :

L'article 5 du Traité de l'Atlantique Nord stipule qu'une attaque armée contre l'un des membres de l'OTAN est considérée comme une attaque contre tous les membres. Cet article se lit comme suit :

Article 5 : Les Parties conviennent qu'une attaque armée contre l'une ou plusieurs d'entre elles, survenant en Europe ou en Amérique du Nord, sera considérée comme une attaque dirigée contre toutes les Parties, et en conséquence elles conviennent que, si une telle attaque se produit, chacune d'elles, dans l'exercice du droit de légitime défense, individuelle ou collective, reconnu par l'article 51 de la Charte des Nations Unies, assistera la Partie ou les Parties ainsi attaquées en prenant immédiatement, individuellement et de concert avec les autres Parties, les mesures jugées nécessaires, y compris l'emploi de la force armée, pour rétablir et assurer la sécurité dans la région de l'Atlantique Nord.

Toute attaque armée de cette nature et toutes les mesures prises en conséquence seront immédiatement portées à la connaissance du Conseil de sécurité. Ces mesures prendront fin lorsque le Conseil de sécurité aura pris les mesures nécessaires pour rétablir et maintenir la paix et la sécurité internationales.

L'article 5 consacre le principe de défense collective, signifiant qu'une attaque contre un membre est perçue comme une attaque contre tous. Cela implique que tous les membres de l'OTAN sont tenus de réagir collectivement pour défendre l'État attaqué.

L'article 5 n'a été invoqué qu'une seule fois depuis la création de l'OTAN en 1949, à la suite des attaques terroristes du 11 septembre 2001 contre les États-Unis.

L'article ne définit pas les mesures spécifiques que chaque pays doit prendre, laissant aux membres la liberté d'agir en fonction de leurs moyens et de leur évaluation de la situation.

En résumé, l'article 5 est le pilier de la politique de sécurité collective de l'OTAN, assurant aux membres qu'ils bénéficieront du soutien de l'ensemble de l'alliance en cas d'attaque contre leur territoire.

Le philosophe Nietzsche disait *« l'état est le plus froid des monstres froids ».* Mais pourtant Jacques Chirac et Nicolas Sarkozy se voyaient amis de la Russie et de Poutine alors que ce dernier ne pensait qu'en terme stratégique et de rapport de forces. A mon avis, cette amitié ambiguë aurait pu durer sans la décision d'élargissement de l'UE aux anciens pays du bloc soviétique.

La pensée de Nietzsche

La citation « L'État est le plus froid des monstres froids » est tirée de l'œuvre de Friedrich Nietzsche, *Ainsi parlait Zarathoustra* (1883-1885). Cette phrase illustre la critique profonde que Nietzsche adresse à l'État en tant qu'institution.

Dans ce contexte, Nietzsche décrit l'État comme une entité qui prétend incarner le bien commun tout en opprimant l'individu. Le terme "monstre froid" renvoie à l'idée que l'État, en tant qu'organisation bureaucratique et impersonnelle, agit sans compassion ni véritable humanité. Il est "froid" parce qu'il opère de manière rationnelle et calculatrice, sans considération pour les émotions ou les aspirations individuelles.

Nietzsche voyait l'État comme une force qui écrase la liberté individuelle, encourageant la conformité et supprimant l'esprit créatif et l'autonomie personnelle. Pour lui, l'État impose des valeurs et des normes qui étouffent la véritable expression de la volonté individuelle, le transformant ainsi en un "monstre" qui, bien qu'il soit peut-être nécessaire pour maintenir l'ordre social, le fait au prix de l'épanouissement humain.

Cette citation reflète donc la vision pessimiste de Nietzsche sur l'État, le percevant comme une institution qui peut devenir tyrannique en subordonnant les besoins et les désirs individuels à ses propres fins, souvent au détriment de la liberté et de l'authenticité personnelles.

<u>L'amitié entre Chirac, Sarkozy, et Poutine</u>

L'amitié entre Jacques Chirac, Nicolas Sarkozy, et Vladimir Poutine est complexe, marquée par des relations personnelles et politiques variées, influencées par des contextes historiques et des dynamiques diplomatiques différentes.

Jacques Chirac, président de la France de 1995 à 2007, a entretenu des relations plutôt chaleureuses avec Vladimir Poutine, qui est devenu président de la Russie en 2000. Cette période a coïncidé avec des événements mondiaux majeurs, comme l'invasion de l'Irak en 2003, à laquelle la France, sous Chirac, s'est opposée fermement. Cette opposition a rapproché Chirac de Poutine, les deux partageant une vision sceptique de l'unilatéralisme américain.

Chirac semblait avoir un certain respect pour Poutine, le qualifiant même de *«patriote»* et soulignant son attachement à l'intégrité de la Russie. Leur relation était marquée par un dialogue ouvert et respectueux, même si des divergences existaient, notamment sur les questions des droits de l'homme en Russie.

Nicolas Sarkozy, qui succède à Chirac en 2007, adopte un style diplomatique différent. Il tente de maintenir des relations positives avec Poutine, mais le contexte politique mondial, notamment la guerre en Géorgie en 2008, complique la situation. Sarkozy, en tant que président de l'Union européenne, joue un rôle clé dans les négociations pour mettre fin au conflit entre la Russie et la Géorgie.

Les relations entre Sarkozy et Poutine sont plus compliquées. Sarkozy adopte un ton plus direct et parfois critique à l'égard de la Russie, en contraste avec l'approche plus mesurée de Chirac. Leur relation est empreinte d'une certaine méfiance mutuelle, bien que Sarkozy ait cherché à garder des canaux de communication ouverts avec Poutine.

Poutine n'a pas toujours caché son irritation face au style de Sarkozy, notamment lors de rencontres internationales où les tensions étaient palpables. Cependant, malgré ces divergences, les deux dirigeants ont maintenu une relation de travail fonctonnelle.

Chirac et Poutine ont partagé une relation plus harmonieuse, basée sur une compréhension mutuelle et des intérêts communs en matière de politique internationale, notamment en opposition à certaines politiques américaines.

Sarkozy et Poutine ont eu une relation plus pragmatique et parfois tendue, marquée par des conflits géopolitiques qui ont mis à l'épreuve leur capacité à coopérer.

En somme, si Chirac et Poutine avaient une relation empreinte de respect mutuel, celle entre Sarkozy et Poutine était plus conflictuelle, bien qu'empreinte de pragmatisme.

La décision d'élargir l'UE prise dans l'euphorie de la fin de la guerre froide vécue en Europe comme la victoire de l'économie libérale contre le communisme a été perçu en Russie comme un échec et un risque stratégique. La Russie s'est vue encerclée et vulnérable face à des forces conventionnelles. Ne pas l'avoir compris est une erreur grave qui résulte sans doute de cet inconscient européen de *l'Europe de l'atlantique à l'Oural*. Il eut sans doute été préférable de limiter cet élargissement au marché unique... mais il est maintenant trop tard pour revenir en arrière.

Permettez moi d'illustrer ici mes propos par une anecdote. Lors d'un congrès UMP mon neveu m'avait retrouvé à l'heure du déjeuner à la cantine accompagné d'un responsable UMP du 04 où il résidait. Rapidement une connaissance de mon neveu, un jeune d'environ 22 ans s'installe à notre table.

Nous engageons alors une discussion politique non pas sur les sujets à l'ordre du jour du congrès, mais sur l'UE que nous jugeons malade à l'unanimité des convives. Le jeune politique affirme tout de go que l'élargissement a été une erreur ! je m'insurge vivement contre cette position avec un argument simple « Alors il aurait fallu dire a ces pays qui aspirent à la liberté : Circulez il n'y a rien à voir ! Non Jeune homme ! »

Après le départ du jeune homme le responsable du 04 me félicitât pour cette sortie énergique. Plus de 10 ans plus tard je reconnais que ce jeune homme était visionnaire. Il a du faire une carrière brillante en politique car son point de vue contre la pensée de l'époque était courageux.

<u>Historique de l'élargissement de l'UE</u>

L'élargissement de l'Union européenne (UE) désigne le processus par lequel de nouveaux pays rejoignent l'UE, augmentant ainsi le nombre d'États membres. Depuis sa création, l'UE a connu plusieurs vagues d'élargissement, passant de 6 membres fondateurs en 1957 à 27 membres en 2023. Ce processus est à la fois politique, économique, et social, et il a eu un impact profond sur l'Europe dans son ensemble.

Les élargissements successifs
Les fondateurs (1957) : L'UE, alors appelée la Communauté économique européenne (CEE), a été fondée par six pays : la Belgique, la France, l'Allemagne de l'Ouest, l'Italie, le Luxembourg, et les Pays-Bas.

1973 : Le Royaume-Uni, l'Irlande, et le Danemark rejoignent la CEE.

1981 : La Grèce devient membre.

1986 : L'Espagne et le Portugal adhèrent, marquant l'intégration des pays du sud de l'Europe.

1995 : L'Autriche, la Suède, et la Finlande rejoignent, renforçant la dimension nordique de l'UE.

L'élargissement à l'Est (2004-2007) : Après la chute du bloc soviétique, l'UE a intégré de nombreux pays d'Europe centrale et orientale.

2004 : Dix pays rejoignent l'UE, dont la Pologne, la Hongrie, la République tchèque, la Slovaquie, les pays baltes (Estonie, Lettonie, Lituanie), la Slovénie, Chypre, et Malte.

2007 : La Roumanie et la Bulgarie sont intégrées.

Le dernier élargissement (2013) : La Croatie devient le 28e membre de l'UE.

Le Brexit (2020) : En revanche, le Royaume-Uni a quitté l'UE en 2020, marquant une contraction après des décennies d'élargissement.

Critères d'adhésion
Pour qu'un pays rejoigne l'UE, il doit remplir plusieurs critères connus sous le nom de critères de Copenhague, établis en 1993 :

Critères politiques : Stabilité des institutions garantissant la démocratie, l'état de droit, les droits de l'homme et le respect des minorités.

Critères économiques : Existence d'une économie de marché viable et capacité à faire face à la concurrence et aux forces du marché au sein de l'UE.

Critères législatifs : Adoption de l'acquis communautaire, c'est-à-dire de l'ensemble des lois et règlements de l'UE.

Avantages de l'élargissement :
Stabilité et paix : L'élargissement a contribué à la stabilité et à la paix en Europe, en intégrant des pays qui étaient autrefois sous influence soviétique ou qui avaient été touchés par des conflits internes.

Expansion économique : L'élargissement a élargi le marché unique européen, offrant de nouvelles opportunités économiques pour les anciens et les nouveaux membres, tout en favorisant la croissance économique et les investissements.

Influence globale : Avec plus d'États membres, l'UE a accru son poids diplomatique et économique sur la scène mondiale, renforçant sa capacité à influencer les affaires internationales.

Défis de l'élargissement :
Intégration complexe : Intégrer des pays aux niveaux de développement économique et aux systèmes politiques différents pose des défis pour l'harmonisation des politiques et l'application des règles de l'UE.

Crainte de la dilution : Certains craignent que l'élargissement ne dilue l'intégration politique de l'UE, rendant plus difficile la prise de décisions consensuelles au sein d'une union élargie.

Tensions internes : Les élargissements successifs ont parfois créé des tensions entre les États membres anciens et nouveaux, en particulier sur des questions comme la politique de migration, les subventions agricoles, et les politiques budgétaires.

Perspectives d'avenir :

Adhésions potentielles : Plusieurs pays des Balkans occidentaux, comme la Serbie, la Macédoine du Nord, l'Albanie, et le Monténégro, sont candidats à l'adhésion et négocient leur entrée dans l'UE. L'Ukraine, la Moldavie et la Géorgie ont également exprimé leur volonté de rejoindre l'Union.

Réforme institutionnelle : Avec l'élargissement, des réformes institutionnelles pourraient être nécessaires pour assurer une gouvernance efficace et démocratique de l'UE, en particulier pour gérer un nombre croissant de membres.

L'élargissement de l'UE a été l'un des moteurs de la transformation politique et économique du continent européen. Bien qu'il ait apporté de nombreux avantages, il a aussi posé des défis complexes qui nécessitent une gestion continue. L'avenir de l'élargissement dépendra de la capacité de l'UE à s'adapter et à intégrer de nouveaux membres tout en maintenant son unité et son efficacité.

Relation entre l'UE et la Russie dans le contexte de *l'élargissement de l'UE*

La relation entre l'Union européenne (UE) et la Russie dans le contexte de l'élargissement de l'UE a été marquée par des dynamiques complexes, oscillant entre coopération et tensions. L'élargissement de l'UE, en particulier vers l'Est, a joué un rôle crucial dans la manière dont ces relations se sont développées.

Depuis la fin de la Guerre froide, l'UE a entrepris une série d'élargissements qui ont considérablement modifié la géopolitique de l'Europe. Les vagues d'élargissement de 2004 et 2007 ont intégré dans l'UE de nombreux pays d'Europe centrale et orientale, anciens membres du bloc soviétique, comme la Pologne, la Hongrie, la République tchèque, et les États baltes (Estonie, Lettonie, Lituanie).

La Russie a perçu l'élargissement de l'UE, surtout lorsqu'il coïncidait avec l'expansion de l'OTAN, comme une menace à sa sphère d'influence traditionnelle. L'intégration des États baltes, qui partagent des frontières avec la Russie, a particulièrement exacerbé ces craintes.

L'adhésion des pays d'Europe centrale et orientale à l'UE a été vue par Moscou comme un déplacement de son influence vers l'Ouest, et une réduction de ses liens historiques et économiques avec ces États.

Malgré les réticences, la Russie et l'UE ont cherché à développer un partenariat stratégique, notamment dans les domaines de l'énergie, du commerce et des questions sécuritaires. La Russie est un fournisseur clé d'énergie pour l'Europe, et l'UE est un partenaire commercial majeur pour la Russie.

Des structures de dialogue, comme les sommets UE-Russie, ont été établies pour gérer les relations et résoudre les différends, bien que ces forums aient souvent été le théâtre de désaccords profonds.

Les conflits en Géorgie (2008) et en Ukraine (à partir de 2014) ont cristallisé les tensions entre la Russie et l'UE. L'UE, soutenant l'indépendance et la souveraineté de ces pays, a imposé des sanctions à la Russie en réponse à l'annexion de la Crimée et à son rôle dans le conflit en Ukraine.

Critiques des droits de l'homme : L'UE a fréquemment critiqué la Russie sur des questions de droits de l'homme et de démocratie, ajoutant un autre niveau de friction.

Changements internes : L'élargissement a également transformé l'UE elle-même, avec de nouveaux États membres apportant leurs propres perspectives et priorités, souvent en faveur d'une approche plus dure envers la Russie.

Diversification énergétique : L'UE a cherché à réduire sa dépendance énergétique vis-à-vis de la Russie, en diversifiant ses sources d'approvisionnement, ce qui a également affecté les relations bilatérales.

L'élargissement de l'UE a joué un rôle crucial dans le façonnement des relations entre l'UE et la Russie. Alors que la Russie a vu l'expansion de l'UE comme une menace à son influence, l'UE a cherché à équilibrer l'intégration de nouveaux membres avec la nécessité de maintenir un partenariat stratégique avec Moscou. Toutefois, les tensions sous-jacentes liées à des divergences géopolitiques et des valeurs différentes ont souvent entravé la coopération, menant à une relation de plus en plus tendue au fil des années

Permettez moi de glisser ici cette autre anecdote. Il y a un peu plus de 10 ans il m'arrivait d'échanger via Twitter avec une députée alors LR qui avait travaillé à Neuilly avec Nicolas Sarkozy et ensuite à l'Elysée. L'OTAN venait de déclencher des manœuvres importantes au ras de la frontière russe ce qui avait provoqué un communique de protestation de Vladimir Poutine indiquant que la Russie n'était pas l'ennemi de l'OTAN. J'avais alors twitté *« A force de considérer Poutine comme notre ennemi on va finir par en faire un véritable ennemi »* Aujourd'hui il semble être devenu hélas notre ennemi !

Cette phrase prononcée par le Général de Gaulle même si elle excluait une large partie de la Russie était d'un optimisme exagéré. Les efforts importants de la France pour accorder dans les années 50 des bourses d'étude à des étudiants Russes, même si cet effort est louable, n'ont rien changé aux mentalités très différentes entre la Russie et l'Europe de l'Ouest. Tous les observateurs s'accordent à dire que la violence est dans les gènes Russes, affirmation confirmée par l'Histoire de la Russie. Cependant la géographie est un invariant. La Russie est notre voisin et nous devons bien nous accorder avec elle pour vivre en paix dans le respect mutuel. Echanges commerciaux, culturel et touristiques devraient être possibles et encouragés. Et si les droits humains sont nos valeurs nous devons bien accepter que près des trois quarts [1]de la planète ne sont pas d'accord avec nous et nous devons donc cesser de prétendre à l'universalité de nos valeurs.

> "L'Europe de l'Atlantique à l'Oural" est une expression qui évoque une vision géopolitique large de l'Europe, incluant non seulement l'Union européenne telle que nous la connaissons aujourd'hui, mais aussi les pays d'Europe de l'Est, y compris la Russie.
>
> Cette phrase a été popularisée par le général Charles de Gaulle dans les années 1950 et 1960. Il envisageait une Europe unifiée, indépendante des influences des blocs de l'Est et de l'Ouest pendant la Guerre froide. Pour de Gaulle, cette Europe étendue devait être capable de se gouverner elle-même sans l'influence dominante des États-Unis ou de l'Union soviétique, et devait inclure la Russie dans un cadre européen plus large.

---

[1] L'évaluation de la proportions des pays qui respectent les droits humains dépend des critères d'exigence retenus. Ce chiffre est généralement évalué entre 20 et 40%.

Le concept d'une Europe "de l'Atlantique à l'Oural" représente une idée de coopération et de paix à l'échelle continentale, avec l'ambition de surmonter les divisions historiques et de promouvoir une Europe forte et indépendante sur la scène mondiale. Cependant, dans la réalité politique et géopolitique, cette vision a été difficile à réaliser, en grande partie en raison des tensions historiques et actuelles entre l'Union européenne et la Russie.

<u>Russie et violence</u>

Le lien entre la Russie, les Russes et la violence est un sujet complexe qui englobe l'histoire, la culture, la politique, et les perceptions internationales. Cette relation peut être examinée sous plusieurs angles : historique, culturel, politique, et géopolitique.

1. Contexte Historique

La Russie a une longue histoire marquée par des épisodes de violence, qu'ils soient internes ou externes. Les invasions mongoles, les révolutions, les guerres mondiales, et les purges staliniennes sont autant d'exemples où la violence a joué un rôle central dans l'évolution du pays.

Les régimes autoritaires en Russie, depuis les tsars jusqu'à l'Union soviétique et en passant par l'ère contemporaine, ont souvent utilisé la violence comme un outil de contrôle social et politique. La répression des opposants politiques, des minorités ethniques, et des dissidents a été fréquente.

2. Culture et Société

Dans la culture russe, la violence a parfois été perçue comme un mal nécessaire pour maintenir l'ordre ou atteindre des objectifs importants. Cela se reflète dans certaines œuvres littéraires et cinématographiques russes, où les personnages endurent des épreuves violentes pour atteindre la rédemption ou défendre leur patrie.

La culture russe a également glorifié des figures historiques qui ont exercé la violence pour protéger la Russie ou étendre son influence, comme Alexandre Nevski, Ivan le Terrible, ou les héros de la Grande Guerre patriotique (Seconde Guerre mondiale).

3. Politique et Régime

Le régime actuel sous Vladimir Poutine a été critiqué pour son recours à la violence politique, tant à l'intérieur qu'à l'extérieur du pays. Les assassinats de journalistes et d'opposants, les répressions lors de manifestations, et les actions militaires en Ukraine, en Tchétchénie, et en Syrie sont souvent cités comme exemples.

L'État russe a utilisé la violence pour maintenir son pouvoir, mais aussi pour projeter une image de force à l'international. La doctrine militaire russe, qui met l'accent sur une réponse rapide et parfois disproportionnée aux menaces, s'inscrit dans cette logique.

4. Géopolitique et Relations Internationales

L'engagement militaire de la Russie dans les conflits récents, notamment en Géorgie (2008), en Ukraine (depuis 2014), et en Syrie (depuis 2015), a consolidé l'image d'un pays qui n'hésite pas à utiliser la violence pour défendre ses intérêts stratégiques.

La violence associée aux actions russes sur la scène internationale a renforcé les perceptions négatives du pays dans de nombreuses régions du monde. La politique de puissance de Moscou est souvent perçue comme agressive, menaçant la stabilité régionale et mondiale.

5. Russophobie et Stéréotypes

Les actes de violence attribués à la Russie et aux Russes ont parfois nourri des stéréotypes négatifs, conduisant à une certaine forme de russophobie. Ces stéréotypes simplifient une réalité complexe et contribuent à la diabolisation des Russes en tant que peuple.

Les Russes eux-mêmes sont souvent confrontés à ces stéréotypes, que ce soit dans le cadre de la diaspora ou dans les relations internationales. Cela peut influencer la manière dont ils sont perçus et traités à l'étranger.

La relation entre la Russie, les Russes et la violence est une réalité façonnée par l'histoire, la culture, et la politique. Si la violence a joué un rôle important dans la construction de l'État russe et dans ses interactions internationales, il est crucial de ne pas réduire cette complexité à des stéréotypes simplistes. Comprendre cette relation nécessite de reconnaître les multiples facettes de la société russe et les dynamiques géopolitiques qui influencent ses actions sur la scène mondiale.

Les droits humains

Les droits humains constituent un ensemble de droits fondamentaux universels qui doivent être garantis à chaque individu, indépendamment de sa nationalité, de son origine ethnique, de sa religion, de son sexe, ou de tout autre statut. Ces droits sont protégés par des traités internationaux, des lois nationales, et des organisations non gouvernementales (ONG) qui œuvrent pour leur promotion et leur protection.

Déclaration Universelle des Droits de l'Homme (DUDH) : Adoptée par l'Assemblée générale des Nations Unies en 1948, a DUDH est le texte fondamental qui énonce les droits civils, politiques, économiques, sociaux, et culturels de tous les êtres humains. Bien qu'elle ne soit pas juridiquement contraignante, elle a inspiré de nombreuses législations nationales et internationales.

Pactes internationaux : Les principaux instruments juridiques contraignants sont le Pacte international relatif aux droits civils et politiques (PIDCP) et le Pacte international relatif aux droits économiques, sociaux et culturels (PIDESC), adoptés en 1956. Ces pactes engagent les États signataires à respecter, protéger, et réaliser les droits humains.

Droits civils et politiques : Ces droits incluent le droit à la vie, la liberté d'expression, la liberté de religion, le droit à un procès équitable, et la protection contre la torture. Ils sont souvent considérés comme des "droits de première génération".

Droits économiques, sociaux et culturels : Ces droits, dits de "deuxième génération", concernent le droit au travail, à l'éducation, à la santé, et à un niveau de vie décent. Leur réalisation dépend souvent des ressources disponibles dans un pays.

Droits collectifs ou de solidarité : De "troisième génération", ces droits incluent le droit au développement, à l'environnement, à la paix, et à l'autodétermination des peuples. Ils sont plus récents et moins codifiés.

Les droits humains continuent d'être violés dans de nombreux pays. Les violations incluent la répression politique, les discriminations, la violence basée sur le genre, la torture, et les atteintes à la liberté d'expression. Les conflits armés, les régimes autoritaires, et l'instabilité économique exacerbent souvent ces violations.

Certaines régions, comme le Moyen-Orient (Syrie, Yémen), l'Afrique subsaharienne (Soudan, République démocratique du Congo), et l'Asie (Myanmar, Afghanistan), sont particulièrement touchées par des violations graves et systématiques des droits humains, souvent liées à des conflits armés ou à des régimes autoritaires.

Les minorités ethniques, religieuses, et les réfugiés sont particulièrement vulnérables aux violations des droits humains. Les Rohingyas au Myanmar, les Ouïghours en Chine, et les réfugiés en Europe et au Moyen-Orient en sont des exemples.

L'ONU, à travers le Conseil des droits de l'homme et d'autres organes, surveille la situation des droits humains dans le monde, publie des rapports, et peut recommander des sanctions ou d'autres mesures contre les États qui violent gravement les droits humains.

Organisations régionales : L'Union européenne, l'Organisation des États américains (OEA), et l'Union africaine, entre autres, ont leurs propres mécanismes pour la protection des droits humains, comme la Cour européenne des droits de l'homme ou la Commission interaméricaine des droits de l'homme.

Organisations non gouvernementales : Des ONG comme Amnesty International, Human Rights Watch, et la Fédération internationale des droits de l'homme (FIDH) jouent un rôle crucial en documentant les violations, en plaidant pour les victimes, et en faisant pression sur les gouvernements pour qu'ils respectent les droits humains.

Avec la montée en puissance des technologies numériques, les droits humains en ligne, comme la vie privée et la liberté d'expression, sont de plus en plus menacés. La surveillance massive, la censure, et les cyberattaques sont des enjeux cruciaux.

Crise climatique et droits humains : Le changement climatique pose de nouveaux défis aux droits humains, affectant principalement les communautés vulnérables. Les migrations climatiques, l'accès à l'eau et à la nourriture, et les droits des peuples autochtones sont particulièrement concernés.

Populisme et régression des droits : La montée du populisme et du nationalisme dans plusieurs pays a conduit à une régression des droits humains, avec des gouvernements remettant en question les protections accordées aux minorités, aux migrants, et aux dissidents.

Les droits humains restent un pilier fondamental de la justice et de la dignité humaine, mais leur réalisation est inégale et souvent menacée dans le monde. La communauté internationale, les États, et la société civile doivent continuer à œuvrer ensemble pour protéger et promouvoir ces droits, en répondant aux défis émergents tout en renforçant les acquis des décennies passées.

Respect des droits humains dans le monde

Il est difficile de donner une proportion précise des pays qui respectent pleinement les droits humains, car le respect des droits humains est un continuum, et la situation varie considérablement d'un pays à l'autre. De plus, le respect des droits humains peut fluctuer en fonction des circonstances politiques, économiques, et sociales.

Rapports et indices : Divers rapports et indices sont publiés chaque année pour évaluer le respect des droits humains à travers le monde. Parmi les plus connus, on trouve le rapport annuel d'Amnesty International, le World Report de Human

Rights Watch, et l'indice de démocratie de The Economist, qui évalue également le respect des libertés civiles.

Classements mondiaux : Le Freedom in the World Report de Freedom House classe les pays en fonction de leur degré de liberté, qui inclut la protection des droits humains. Les pays sont généralement classés comme "libres", "partiellement libres", ou "non libres".

Pays "libres" (environ 43% des pays) : Selon le rapport Freedom in the World 2023 de Freedom House, environ 43% des pays sont classés comme "libres". Ces pays respectent généralement les droits civils et politiques de leurs citoyens, même si des violations mineures peuvent encore se produire.

Pays "partiellement libres" (environ 30% des pays) : Environ 30% des pays sont classés comme "partiellement libres", ce qui signifie que certains droits sont respectés, mais que des violations importantes persistent, souvent en lien avec des problèmes comme la corruption, la répression politique, ou les conflits.

Pays "non libres" (environ 27% des pays) : Environ 27% des pays sont considérés comme "non libres", où les droits humains sont systématiquement violés. Dans ces pays, les régimes autoritaires, les conflits armés, ou la loi martiale limitent gravement les droits civils et politiques.

Complexité des contextes nationaux : Le respect des droits humains dépend fortement du contexte national. Par exemple, un pays peut respecter certains droits, comme le droit à l'éducation, tout en violant d'autres droits, comme la liberté d'expression.

Changement constant : Les situations des droits humains peuvent changer rapidement en fonction des évolutions politiques, des conflits, ou des réformes législatives. Par exemple, des élections contestées, des coups d'État, ou des changements de gouvernement peuvent améliorer ou détériorer la situation des droits humains.

Conclusion : Environ 43% des pays dans le monde peuvent être considérés comme respectant globalement les droits humains, selon les indices de liberté et de démocratie. Toutefois, même dans ces pays, des défis subsistent. Environ 30% des pays présentent un respect partiel des droits humains, avec des violations plus fréquentes ou graves, tandis que 27% des pays affichent des violations systématiques. Ces chiffres illustrent la complexité et la variation du respect des droits humains à l'échelle mondiale.

Alors que faut-il espérer pour l'Ukraine ? Bien évidement

- la fin de la naïveté des dirigeants de l'UE,
- la reconstitution de forces armées conventionnelles qui dissuaderont la Russie d'user de sa propre force
- et une juste participation financière de l'UE à l'OTAN.
- Mais cela ne suffira pas sans un accord entre l'Ukraine et la Russie qui donne aux deux parties une véritable garantie de sécurité.

<u>Reconstitution ou création de forces armées conventionnelles</u>
L'UE a dores et déjà engagé un effort considérable de reconstitution de forces conventionnelles de défense mettant ainsi un terme à la politique bisounours qui avait jusqu'alors prévalu en UE.

La reconstitution ou la création de forces armées conventionnelles de l'Union européenne (UE) est un sujet de débat intense et complexe. Il s'agit d'une question qui touche à la souveraineté nationale, à la coopération européenne en matière de défense, et à l'évolution du rôle de l'UE sur la scène mondiale.

Depuis sa création, l'UE s'est concentrée sur l'intégration économique et politique. La défense a longtemps été du ressort des États membres, avec l'OTAN jouant le rôle principal pour la sécurité collective en Europe. Cependant, l'UE a progressivement développé des structures de défense, notamment à travers la Politique de sécurité et de défense commune (PSDC) lancée en 1999.

CSP et PESCO : Le lancement de la Coopération structurée permanente (PESCO) en 2017 a marqué une étape clé. PESCO permet aux États membres de s'engager dans des projets de défense conjointes, améliorant l'interopérabilité et la capacité de défense collective. Plus de 40 projets ont été lancés sous PESCO, allant du développement de systèmes d'armes à la coopération en matière de cyberdéfense.

Fonds européen de la défense (FED) : Créé en 2017, ce fonds vise à soutenir les projets de recherche et développement dans le domaine de la défense, en cofinançant des initiatives transnationales.

L'idée d'une véritable armée européenne a été proposée par plusieurs dirigeants européens, dont le président français Emmanuel Macron, qui a plaidé pour une « force militaire européenne » capable de défendre le continent de manière indépendante.

L'idée d'une armée européenne suscite des réticences, notamment de la part de certains États membres qui craignent une érosion de leur souveraineté militaire ou une duplication des efforts avec l'OTAN. Des pays comme la Pologne et les États baltes, qui dépendent fortement de l'OTAN pour leur sécurité, ont exprimé des réserves.

Avancées récentes et perspectives - Renforcement des capacités : L'UE a entrepris de renforcer ses capacités militaires à travers le développement de forces de réaction rapide, comme les Battle Groups de l'UE, bien que leur déploiement ait été limité.

PESCO a permis de lancer des projets comme le développement de chars de combat européens, de systèmes de drones, et l'amélioration de la mobilité militaire au sein de l'UE.

Un des principaux défis pour la constitution de forces armées conventionnelles européennes est la coordination entre les États membres, qui ont des doctrines militaires, des budgets, et des industries de défense différents. Le financement de ces initiatives reste également un enjeu majeur.

La relation entre l'UE et l'OTAN est cruciale, car une grande partie des membres de l'UE fait également partie de l'OTAN. La complémentarité entre les deux organisations est essentielle, mais il existe des préoccupations concernant la duplication des efforts.

À long terme, certains analystes envisagent une force de défense européenne plus autonome, capable de mener des opérations militaires sans l'appui direct de l'OTAN, mais cela nécessiterait une intégration beaucoup plus poussée des politiques de défense des États membres.

Plus réaliste à court terme, l'UE pourrait continuer à renforcer sa coopération en matière de défense, notamment par le biais de PESCO, tout en développant des capacités de réaction rapide pour gérer les crises régionales.

La reconstitution ou la création de forces armées conventionnelles de l'UE est un projet en développement, marqué par des avancées significatives mais aussi par des défis importants. Si l'UE a fait des progrès dans la coopération en matière de défense, notamment avec PESCO et le Fonds européen de la défense, l'idée d'une armée européenne unifiée reste controversée et difficile à réaliser. Le futur de la défense européenne dépendra de la capacité des États membres à surmonter leurs divergences et à s'engager dans une intégration plus profonde, tout en coordonnant leurs efforts avec l'OTAN

Participation financière des États membres de l'UE à l'OTAN

La participation financière des États membres de l'Union européenne (UE) à l'Organisation du Traité de l'Atlantique Nord (OTAN) est un aspect important de leur engagement en matière de défense collective et de sécurité transatlantique. Cette participation se manifeste principalement à travers deux types de contributions : les dépenses nationales de défense et le financement direct du budget commun de l'OTAN.

Les États membres de l'OTAN, y compris ceux de l'UE, sont encouragés à consacrer au moins 2 % de leur produit intérieur brut (PIB) à la défense. Cette norme a été réaffirmée lors du sommet de l'OTAN au Pays de Galles en 2014. Les dépenses nationales de défense couvrent les budgets militaires nationaux, qui incluent le financement des forces armées, des équipements militaires, et des infrastructures nécessaires pour répondre aux obligations de l'OTAN.

Tous les pays de l'UE n'atteignent pas cet objectif de 2 %, et il existe des disparités significatives entre eux. Par exemple, certains pays comme la Grèce et la Pologne dépassent cet objectif, tandis que d'autres, comme l'Allemagne et 'Italie, se situent en dessous.

En plus de leurs dépenses de défense nationales, les États membres de l'UE contribuent également au budget commun de l'OTAN, qui finance les opérations et infrastructures communes. Ce budget est relativement modeste comparé aux dépenses nationales de défense et est calculé en fonction de la taille de l'économie de chaque pays membre. Les contributions des États membres au budget commun couvrent les coûts des commandements, des infrastructures et des missions partagées.

Certains membres de l'UE participent à des initiatives de défense communes sous l'égide de l'OTAN, comme la défense antimissile, les forces de réaction rapide, et la cyberdéfense. Ces projets peuvent entraîner des contributions financières spécifiques, en plus des dépenses nationales et du budget commun de l'OTAN.

L'UE, via sa Politique de sécurité et de défense commune (PSDC), cherche à renforcer les capacités de défense des États membres, ce qui complète les efforts de l'OTAN. Bien que l'OTAN reste la principale alliance de défense pour la plupart des pays européens, l'UE travaille à développer des capacités militaires autonomes, ce qui se traduit par des initiatives comme la Coopération structurée permanente (PESCO).

Les engagements financiers des États membres de l'UE envers l'OTAN évoluent en fonction des menaces sécuritaires globales, des priorités stratégiques, et des débats internes sur la défense européenne. La guerre en Ukraine a notamment entraîné une augmentation des budgets de défense dans de nombreux pays européens.

En résumé, la participation financière des États membres de l'UE à l'OTAN est un pilier essentiel de leur contribution à la sécurité collective. Cette participation est diversifiée, englobant à la fois les dépenses de défense nationales et les contributions au budget commun de l'OTAN, avec des variations significatives entre les différents États membres.

Dans le contexte de la préparation d'un accord de paix avec la Russie l'adhésion de l'Ukraine à l'UE par une procédure exceptionnelle accélérée, me semble possible, son adhésion à l'OTAN pour autant me semble exclue. Par son adhésion à l'UE l'Ukraine bénéficiera d'un accord de défense tel que prévu par les traités de l'UE.

<u>Adhésion de l'Ukraine à l'UE</u>

L'adhésion de l'Ukraine à l'Union européenne (UE) par une procédure exceptionnelle est un sujet d'actualité, particulièrement après l'invasion russe de l'Ukraine en février 2022. Cette situation a accéléré les discussions sur l'intégration de l'Ukraine à l'UE, mettant en lumière la possibilité de procédures accélérées ou exceptionnelles.

En février 2022, peu après le début de l'invasion russe, le président ukrainien Volodymyr Zelensky a soumis une demande officielle d'adhésion de l'Ukraine à l'UE. Zelensky a demandé une procédure accélérée, arguant que l'Ukraine se bat pour les valeurs européennes et mérite une réponse rapide.

Les dirigeants de l'UE ont exprimé leur soutien politique à l'Ukraine, mais la question de l'adhésion a été traitée avec prudence. En juin 2022, l'UE a accordé à l'Ukraine le statut de candidat officiel, un premier pas vers l'adhésion. Cependant, les responsables européens ont souligné que l'adhésion formelle restait un processus complexe qui nécessite des réformes importantes en Ukraine.

Normalement, l'adhésion à l'UE est un processus long qui peut prendre des années, voire des décennies. Cela implique des réformes politiques, économiques et juridiques, ainsi que l'alignement sur l'acquis communautaire, l'ensemble des lois et réglementations de l'UE.

Les étapes incluent l'obtention du statut de candidat, l'ouverture des négociations chapitre par chapitre, la mise en œuvre des réformes nécessaires, et enfin la ratification de l'adhésion par tous les États membres.

Il n'existe pas de véritable précédent pour une procédure d'adhésion exceptionnellement rapide à l'UE. Même les élargissements rapides, comme celui des États d'Europe centrale et orientale après la fin de la Guerre froide, ont suivi des processus relativement standardisés.

Plusieurs États membres ont exprimé des réserves quant à une procédure accélérée, craignant qu'une telle démarche ne compromette la rigueur du processus d'adhésion ou ne crée des précédents. La nécessité de respecter les critères de Copenhague (stabilité des institutions, économie de marché viable, capacité à assumer les obligations de l'UE) reste une condition incontournable.

Cependant...

L'invasion de l'Ukraine par la Russie a radicalement modifié la perception de l'Ukraine en Europe, augmentant le soutien à son intégration dans les structures occidentales. Le Parlement européen et plusieurs dirigeants de l'UE ont exprimé leur soutien à une adhésion plus rapide.

L'Ukraine est encore en guerre, ce qui complique le processus d'adhésion. L'UE devra également évaluer l'impact de l'adhésion d'un pays en conflit, tant en termes de sécurité que de solidarité au sein de l'Union.

L'Ukraine doit encore mener des réformes importantes dans les domaines de l'État de droit, de la lutte contre la corruption, et de l'économie. Même avec une procédure accélérée, ces réformes demeurent essentielles.

Une adhésion accélérée de l'Ukraine à l'UE enverrait un signal fort à la Russie et renforcerait le soutien européen à l'Ukraine. Cependant, cela pourrait aussi intensifier les tensions avec Moscou et avoir des répercussions sur la sécurité régionale.

La perspective d'une adhésion rapide de l'Ukraine à l'UE est politiquement symbolique et soutenue par plusieurs États membres, mais elle reste entourée de nombreux défis. Si l'UE décide de créer une procédure exceptionnelle, cela nécessitera un consensus entre les États membres et des ajustements significatifs au processus d'adhésion. En attendant, l'Ukraine pourrait bénéficier d'un soutien renforcé, notamment financier et technique, pour l'aider à se rapprocher des standards européens tout en poursuivant les réformes nécessaires pour une éventuelle adhésion formelle.

Accord de défense mutuelle dans le traité de l'UE

L'accord de défense mutuelle dans le cadre du traité de l'Union européenne se trouve principalement dans l'article 42, paragraphe 7, du Traité sur l'Union européenne (TUE). Cet article constitue une disposition clé en matière de défense pour les États membres de l'UE.

Article 42(7) du TUE

Cet article stipule : "Au cas où un État membre ferait l'objet d'une agression armée sur son territoire, les autres États membres sont tenus de lui apporter aide et assistance par tous les moyens en leur pouvoir, conformément à l'article 51 de la Charte des Nations Unies. Cela n'affecte pas le caractère spécifique de la politique de sécurité et de défense de certains États membres."

Cet article établit une clause de défense mutuelle qui oblige les États membres de l'UE à se soutenir en cas d'agression armée contre l'un d'entre eux. Il s'agit d'une obligation juridique pour les autres États membres de fournir aide et assistance, mais les modalités précises de cette assistance restent à la discrétion des États, en tenant compte de leurs propres politiques de défense.

Spécificité par rapport à l'OTAN

Il est important de noter que cette clause ne remplace pas les engagements pris dans d'autres cadres internationaux, comme l'OTAN. En effet, pour les États membres de l'UE qui sont aussi membres de l'OTAN, l'article 42(7) ne remet pas en cause l'article 5 du Traité de l'Atlantique Nord, qui stipule une défense collective plus automatique. Cependant, pour les États membres de l'UE qui ne sont pas dans l'OTAN, l'article 42(7) revêt une importance particulière en matière de défense collective.

Conclusion

L'article 42(7) du TUE est donc un pilier essentiel de la politique de sécurité et de défense commune de l'Union européenne, fournissant un cadre légal pour la solidarité entre les États membres en cas d'agression. Bien qu'il existe, sa mise en œuvre dépend des circonstances et des choix stratégiques des États membres.

Adhésion de l'Ukraine à l'OTAN

L'adhésion de l'Ukraine à l'OTAN est un sujet complexe et controversé, qui a des implications géopolitiques majeures pour l'Europe, la Russie, et l'ensemble de la communauté internationale. Voici un aperçu des principaux aspects de cette question :

1. Historique des relations Ukraine-OTAN :

Après l'indépendance de l'Ukraine en 1991, le pays a cherché à établir des relations plus étroites avec l'OTAN, rejoignant le Partenariat pour la paix (PPP) en 1994. Cela a marqué le début d'une coopération militaire avec l'OTAN, bien que l'Ukraine n'ait pas immédiatement cherché à devenir membre.

Début des années 2000 : Le président ukrainien Leonid Koutchma a signé la Charte OTAN-Ukraine en 1997, qui a renforcé les relations entre les deux parties. Sous la présidence de Viktor Iouchtchenko (2005-2010), après la Révolution orange, l'Ukraine a exprimé son souhait de rejoindre l'OTAN, mais cela a rencontré une forte opposition intérieure et extérieure.

2. Opposition russe :

La perspective d'une adhésion de l'Ukraine à l'OTAN est une ligne rouge pour la Russie, qui perçoit l'élargissement de l'OTAN à l'Est comme une menace directe à sa sécurité. Cette opposition a joué un rôle clé dans les tensions géopolitiques en Europe de l'Est, notamment lors de la crise en Géorgie en 2008 et de l'annexion de la Crimée par la Russie en 2014.

3. Annexion de la Crimée et conflit dans l'est de l'Ukraine :
L'annexion de la Crimée par la Russie en 2014 et le conflit armé dans l'est de l'Ukraine (Donbass) ont profondément affecté les relations Ukraine-Russie et ont renforcé les aspirations de l'Ukraine à rejoindre l'OTAN. En réponse à l'agression russe, l'Ukraine a intensifié ses efforts pour se rapprocher de l'OTAN et pour moderniser ses forces armées selon les normes de l'Alliance.

4. Position actuelle de l'OTAN :
L'OTAN a affirmé à plusieurs reprises que l'Ukraine pourrait devenir membre si elle répondait aux critères d'adhésion et si elle en faisait la demande. Cependant, les pays membres de l'OTAN sont divisés sur la question de l'adhésion immédiate de l'Ukraine, principalement en raison des risques d'escalade avec la Russie. Lors du sommet de Bucarest en 2008, l'OTAN a déclaré que l'Ukraine (ainsi que la Géorgie) deviendrait membre à terme, sans toutefois fixer de calendrier précis.

5. Réformes en Ukraine :
Pour adhérer à l'OTAN, l'Ukraine doit mener des réformes profondes, notamment dans les domaines militaire, politique, et juridique. Depuis 2014, le pays a fait des progrès significatifs dans la modernisation de ses forces armées et dans l'adoption de normes OTAN, mais des défis importants subsistent, y compris la lutte contre la corruption et la réforme du secteur de la sécurité.

6. Impact de la guerre en Ukraine (2022) :
L'invasion à grande échelle de l'Ukraine par la Russie en février 2022 a encore renforcé les liens entre l'Ukraine et l'OTAN. Bien que l'OTAN ait soutenu l'Ukraine par des livraisons d'armes, de l'entraînement militaire, et d'autres formes d'assistance, l'adhésion formelle reste un sujet délicat. L'Ukraine a exprimé sa volonté de rejoindre l'OTAN rapidement, mais les membres de l'Alliance restent prudents en raison des implications d'une telle adhésion en pleine guerre.

7. Perspectives futures :

L'avenir de l'adhésion de l'Ukraine à l'OTAN dépendra de plusieurs facteurs, dont l'évolution du conflit avec la Russie, les dynamiques internes à l'OTAN, et la capacité de l'Ukraine à mener à bien les réformes nécessaires. Les discussions sur la sécurité en Europe et le rôle de l'OTAN dans la région resteront centrales dans les années à venir.

En résumé, l'adhésion de l'Ukraine à l'OTAN est un processus complexe marqué par des défis géopolitiques, des réformes internes, et des tensions avec la Russie. Si l'Ukraine aspire à rejoindre l'Alliance, la route vers l'adhésion est encore incertaine et dépendra des développements futurs.

La guerre entre la Russie et l'Ukraine se terminera forcement par un accord entre les parties. Soit un cessé le feu, soit un accord de paix seule solution pour bâtir un avenir plus stable. Pour un accord de paix plusieurs scénarios sont possibles sous réserve d'une exécution sous le contrôle d'instances internationales incontestables. Le scénario qui me semble souhaitable est le suivant:

- Référendum d'autodétermination en Crimée et dans le Donbass après retour ou participation des populations pro-ukrainiennes ayant fui la guerre.
- Retrait des forces Russes des territoires ukrainiens ainsi définis.
- Retrait des forces ukrainiennes des territoires russes occupés.
- Elections libres et démocratiques pour le renouvellement des dirigeants de l'Ukraine après mise en œuvre complète des conditions ci-dessus.

Il s'agirait ainsi par cet accord d'affirmer que l'Ukraine ne sera jamais annexée à la Russie mais qu'en contrepartie l'Ukraine n'adhèrera jamais à l'OTAN. Le prix à payer pour la paix serait l'abandon des territoires russophiles.

Quelque soit le résultat des élections américaines, l'UE devra tenir sa place et toute sa place dans la négociation d'un tel accord de paix qui pour des raisons géographiques la concerne prioritairement.

<u>Les référendums d'autodétermination</u>

Les référendums d'autodétermination, qui permettent à un peuple ou à une région de décider de son statut politique, sont en partie encadrés par les principes du droit international, même s'ils ne sont pas directement régis par un traité unique. Plusieurs traités, conventions et résolutions internationales abordent de manière plus ou moins explicite le droit à l'autodétermination. Voici comment ce concept est intégré dans les traités internationaux et le cadre juridique qui le sous-tend.

1. Droit à l'autodétermination dans le Droit International

Charte des Nations Unies (1945) : La Charte des Nations Unies, en particulier dans son article 1(2), reconnaît le droit des peuples à disposer d'eux-mêmes. Cet article affirme que l'un des objectifs de l'ONU est de "développer entre les nations des relations amicales fondées sur le respect du principe de l'égalité des droits des peuples et de leur droit à disposer d'eux-mêmes". Ce principe a été fondamental pour les processus de décolonisation après la Seconde Guerre mondiale.

Résolution 1514 de l'Assemblée générale des Nations Unies (1960) : Connue sous le nom de "Déclaration sur l'octroi de l'indépendance aux pays et aux peuples coloniaux", cette résolution affirme le droit des peuples colonisés à l'autodétermination et appelle à la fin du colonialisme. Elle a joué un rôle clé dans les processus de décolonisation en Asie, en Afrique, et ailleurs.

Pacte international relatif aux droits civils et politiques (PIDCP) et Pacte international relatif aux droits économiques, sociaux et culturels (PIDESC) (1966) : Les deux pactes, dans leur article 1er, stipulent que "tous les peuples ont le droit de disposer d'eux-mêmes". Ils précisent que ce droit inclut la possibilité de déterminer librement leur statut politique et de poursuivre leur développement économique, social et culturel. Ces textes sont contraignants pour les États parties.

2. Application et Interprétation

Autodétermination externe vs interne : Le droit à l'autodétermination peut être interprété de deux manières : externe et interne. L'autodétermination externe fait référence au droit d'un peuple à se séparer ou à former un nouvel État (par exemple, dans le contexte de la décolonisation). L'autodétermination interne concerne le droit à l'autonomie ou à l'autogouvernance à l'intérieur d'un État existant.

Conflits avec l'intégrité territoriale : Le droit à l'autodétermination peut entrer en conflit avec le principe de l'intégrité territoriale des États, également protégé par le droit international. L'ONU et d'autres instances internationales ont souvent réaffirmé que l'autodétermination ne doit pas être utilisée pour détruire l'intégrité territoriale d'un État souverain, sauf dans le cas de situations coloniales, de domination étrangère, ou d'oppression manifeste.

3. Cas Particuliers et Jurisprudence

Décolonisation : La plupart des référendums d'autodétermination encadrés par le droit international ont eu lieu dans des contextes de décolonisation. Des exemples incluent les référendums en Érythrée (1993), au Timor oriental (1999), et au Sud-Soudan (2011).

Régions autonomes et sécession : Le droit international est plus ambigu concernant les mouvements sécessionnistes dans des États déjà constitués. La reconnaissance internationale des nouveaux États issus de ces processus varie considérablement. Par exemple, l'indépendance du Kosovo (déclarée en 2008) est reconnue par certains États, mais pas par d'autres, ce qui reflète la complexité du droit international dans ce domaine.

Avis consultatif de la Cour internationale de justice sur le Kosovo (2010) : La Cour internationale de justice (CIJ) a déclaré que la déclaration d'indépendance du Kosovo ne violait pas le droit international. Cet avis a été interprété comme un signe que le droit à l'autodétermination peut, dans certains cas, permettre la sécession, même sans l'accord de l'État parent, bien que la CIJ ait pris soin de ne pas établir de précédent général.

4. Enjeux Actuels et Débats

Reconnaissance internationale : Un des principaux défis pour les nouveaux États issus de référendums d'autodétermination est la reconnaissance internationale. Sans reconnaissance par une masse critique d'États et par les organisations internationales, ces entités peuvent avoir du mal à exister sur la scène internationale.

Des organisations comme l'ONU, l'Union africaine, ou l'Union européenne peuvent jouer un rôle clé dans l'encadrement des référendums d'autodétermination, en fournissant une légitimité internationale et en supervisant le processus pour garantir qu'il est libre et équitable.

Certains référendums, bien qu'organisés localement, ne sont pas reconnus par la communauté internationale en raison de leur illégalité constitutionnelle ou de leur organisation contestée. Par exemple, le référendum en Crimée (2014) sur le rattachement à la Russie est largement considéré comme illégal par l'ONU et de nombreux États.

En conclusion, les référendums d'autodétermination sont des instruments puissants pour exprimer la volonté d'un peuple, mais leur mise en œuvre est complexe et souvent controversée. Bien que plusieurs traités et résolutions internationales reconnaissent le droit à l'autodétermination, l'application de ce droit est souvent limitée par d'autres principes du droit international, tels que l'intégrité territoriale des États. La reconnaissance et les conséquences d'un référendum d'autodétermination dépendent largement du contexte international et des rapports de force géopolitiques.

Accord de paix entre la Russie et l'Ukraine

L'idée d'un accord de paix entre la Russie et l'Ukraine est centrale pour mettre fin à la guerre qui a éclaté avec l'invasion de l'Ukraine par la Russie en février 2022. Toutefois, les négociations pour parvenir à un tel accord ont été complexes et difficiles, en raison des objectifs divergents des deux parties et des circonstances géopolitiques.

Tentatives de Négociation et Enjeux Clés

Dès les premières semaines de l'invasion, des négociations ont eu lieu entre les représentants ukrainiens et russes, principalement à la frontière entre la Biélorussie et l'Ukraine. Ces discussions n'ont pas abouti à un accord, bien que des cessez-le-feu temporaires aient été discutés pour permettre l'évacuation des civils.

Plusieurs pays, dont la Turquie et Israël, ont tenté de jouer un rôle de médiateur pour rapprocher les deux parties. Des rencontres en Turquie, notamment à Istanbul, ont donné lieu à quelques avancées mineures, mais sans résultats concrets pour un cessez-le-feu durable ou un accord de paix.

L'un des principaux points de désaccord concerne le statut des territoires occupés par la Russie, notamment la Crimée, annexée par la Russie en 2014, et les régions du Donbass (Donetsk et Louhansk), ainsi que d'autres zones occupées après février 2022. L'Ukraine exige la restitution de ces territoires, tandis que la Russie cherche à les intégrer officiellement à son territoire ou à les rendre autonomes sous son contrôle.

La Russie a initialement exigé que l'Ukraine adopte un statut de neutralité, renonçant à toute future adhésion à l'OTAN. L'Ukraine, tout en étant ouverte à des discussions sur la neutralité, exigeait des garanties de sécurité robustes en échange.

L'Ukraine demande des garanties internationales de sécurité, impliquant potentiellement d'autres puissances, en cas de nouveau conflit. Ce point est délicat car il pourrait impliquer une implication militaire directe de pays tiers.

Au fil du conflit, les positions se sont durcies, surtout après des phases d'intensification des combats, comme l'échec des pourparlers après les batailles clés de Marioupol, Severodonetsk, et Bakhmut. L'Ukraine a reçu un soutien militaire et financier accru de la part des pays occidentaux, renforçant sa position dans les négociations.

En 2022 et 2023, plusieurs initiatives ont été proposées pour relancer le processus de paix, notamment par la Chine, la Turquie, et des organisations internationales comme l'ONU. Cependant, ces propositions se sont heurtées à des réalités de terrain et à des méfiances profondes entre les belligérants.

Les États-Unis et l'Union européenne jouent un rôle crucial, en soutenant l'Ukraine financièrement, militairement, et diplomatiquement. Leur implication dans tout accord de paix est indispensable, mais elle complique aussi les négociations en raison de leur opposition à certaines revendications russes.

La Russie, confrontée à un isolement international croissant et à des sanctions économiques sévères, cherche à sécuriser ses gains territoriaux et à forcer l'Ukraine à des concessions, ce qui complique l'atteinte d'un compromis.

Scénarios Possibles pour un Accord de Paix
Une option possible est un cessez-le-feu qui gèle le conflit sans résoudre les questions territoriales de manière définitive, à l'image de la situation en Corée du Nord et du Sud. Cela laisserait les frontières actuelles sous contrôle russe et ukrainien, avec des zones démilitarisées.

Un tel accord pourrait cependant être précaire, avec un risque élevé de reprise des hostilités à l'avenir.

Un accord de paix pourrait inclure un compromis sur les territoires contestés, peut-être avec des solutions d'autonomie ou de gouvernance partagée, combinées avec des garanties de sécurité pour l'Ukraine, potentiellement sous forme de traités internationaux.

L'Ukraine pourrait accepter un statut de neutralité, mais en échange d'une intégration plus étroite avec l'UE et d'autres formes de soutien occidental.

Un autre scénario serait une issue militaire claire, où l'une des deux parties force l'autre à accepter ses conditions. Ce scénario semble improbable à court terme, étant donné l'équilibre des forces et la nature prolongée du conflit.

L'accord de paix entre la Russie et l'Ukraine reste un objectif lointain, malgré les tentatives de négociation et la pression internationale pour mettre fin au conflit. Les principales questions, telles que le statut des territoires occupés, la neutralité de l'Ukraine, et les garanties de sécurité, sont autant de défis qui nécessitent des compromis difficiles. La communauté internationale continue de jouer un rôle crucial, mais la méfiance mutuelle, l'escalade militaire, et les enjeux géopolitiques rendent tout accord durable difficile à atteindre dans un avenir proche.

« *Si vis pacem, para bellum.* » Si tu veux la paix, prépare la guerre. C'est pour avoir oublié cette sagesse antique que la guerre est revenue en Europe. Cette vérité inspira le général de Gaulle lorsqu'il décida de doter la France de la bombe nucléaire. Mais à partir de 1991 lorsque l'Europe se réjouissait de l'effondrement de l'URSS, on se mit a rêver d'une bonne entente entre la Russie et l'UE, stratégie constante de Jacques Chirac à Nicolas Sarkozy bien accueilli alors par Vladimir Poutine qui voyait là les avantages économiques d'une telle alliance.

De la dernière guerre mondiale à 1991, la période de paix improprement appelée « *guerre froide* » s'est terminée avec l'effondrement de l'URSS. « *Il est temps de toucher les dividendes de la paix* » telle fut alors la stratégie adoptée unanimement par l'Europe et plus particulièrement par l'Union Européenne(UE).

Aujourd'hui la guerre en Ukraine menace la paix sur tout le continent européen. Comment en est-on arrivé là. Les erreurs sont nombreuses et il est possible de les énumérer.

1 Les politiques bisounours
A partir de 1991, les effectifs et budgets militaires fondirent alors en Europe comme neige au soleil. Seule la France dans le périmètre actuel de l'UE, continua à entretenir son arme de dissuasion nucléaire, ce qui dans cette période de concurrence économique soigneusement maintenue par l'UE entre les états membres, défavorisa la France par rapport à l'Allemagne qui avait pu vivre en paix depuis le dernier conflit mondial sans budget militaire. Et de plus, Angela Merkel et son prédécesseur nouèrent dans cette période avec la Russie des relations commerciales privilégiées lui permettant un approvisionnement énergétique favorable à la croissance économique de l'Allemagne au détriment des autres pays de l'UE.

2 La dissuasion nucléaire garantie de paix.

Être doté de la bombe nous a persuadé depuis 1991 jusqu'à un passé récent que cela seul suffisait à assurer notre défense. Erreur majeure. L'actualité nous montre que l'incursion de l'Ukraine en Russie n'a pas déclenché le feu nucléaire. Même si les états *« dotés »* ne sont pas très explicites sur les règles d'engagement de l'arme nucléaire, il est une constante pour tout les états dotés : l'atteinte des intérêts vitaux de la nation. Le Général de Gaulle c'est opposé à ceux qui auraient voulu que la doctrine de la France soit d'engager le feu nucléaire dès la violation de ses frontières. C'est pour cette raison que les forces de l'OTAN se sont dotées de forces conventionnelles pour pouvoir se porter assistance dès la première violation des frontières d'un état membre (article 5 du pacte).

3 La naïveté de nos dirigeants

Le philosophe Nietzsche disait *« l'état est le plus froid des monstres froids ».* Mais pourtant Jacques Chirac et Nicolas Sarkozy se voyaient amis de la Russie et de Poutine alors que ce dernier ne pensait qu'en terme stratégique et ce rapport de forces. A mon avis, cette amitié ambiguē aurait pu durer sans la décision d'élargissement de l'UE aux anciens pays du bloc soviétique.

4 L'élargissement de l'UE

La décision d'élargir l'UE prise dans l'euphorie de la fin de la guerre froide vécue en Europe comme la victoire de l'économie libérale contre le communisme a été perçu en Russie comme un échec et un risque stratégique. La Russie s'est vue encerclée et vulnérable face à des forces conventionnelles. Ne pas l'avoir compris est une erreur grave qui résulte sans doute de cet inconscient européen de *l'Europe de l'atlantique à l'Oural.* Il eut sans doute été préférable de limiter cet élargissement au marché unique... mais il est maintenant trop tard pour revenir en arrière.

5 L'Europe de l'atlantique à l'Oural

Cette phrase prononcée par le Général de Gaulle même si elle excluait une large partie de la Russie était d'un optimisme exagéré. Les efforts importants de la France pour accorder dans les années 50 des bourses d'étude à des étudiants Russes, même si cet effort est louable, n'ont rien changé aux mentalités très différentes entre la Russie et l'Europe de l'Ouest. Tous les observateurs s'accordent à dire que la violence est dans les gènes Russes, affirmation confirmée par l'Histoire de la Russie. Cependant la géographie est un invariant. La Russie est notre voisin et nous devons bien nous accorder avec elle pour vivre en paix dans le respect mutuel. Echanges commerciaux, culturel et touristiques devraient être possibles et encouragés. Et si les droits humains sont nos valeurs nous devons bien accepter que plus des deux tiers de la planète ne sont pas d'accord avec nous et nous devons donc cesser de prétendre à l'universalité de nos valeurs.

Alors que faut-il espérer pour l'Ukraine ? Bien évidement la fin de la naïveté des dirigeants de l'UE, la reconstitution de forces armées conventionnelles qui dissuaderont la Russie d'user de sa propre force et une juste participation financière de l'UE à l'OTAN. Mais cela ne suffira pas sans un accord entre l'Ukraine et la Russie qui donne aux deux parties une véritable garantie de sécurité.

Dans ce contexte si l'adhésion de l'Ukraine à l'UE par une procédure exceptionnelle accélérée, me semble possible, son adhésion à l'OTAN pour autant me semble exclue. Par son adhésion à l'UE l'Ukraine bénéficiera d'un accord de défense tel que prévu par les traités de l'UE. Un accord de paix pourrait alors prévoir :

- Un référendum d'autodétermination en Crimée et dans le Donbass après retour ou participation des populations pro-ukrainiennes ayant fui la guerre.

- Le retrait des forces Russes des territoires ukrainiens ainsi définis.

- Le retrait des forces ukrainiennes des territoires russes occupés.

- Des élections libres et démocratiques pour le renouvellement des dirigeants de l'Ukraine après mise en œuvre complète des conditions ci-dessus.

Il s'agirait ainsi par cet accord d'affirmer que l'Ukraine ne sera jamais annexée à la Russie mais qu'en contrepartie l'Ukraine n'adhèrera jamais à l'OTAN. Le prix à payer pour la paix serait l'abandon des territoires russophiles.

Quelque soit le résultat des élections américaines, l'UE devra tenir sa place et toute sa place dans la négociation d'un tel accord de paix qui pour des raisons géographiques la concerne prioritairement.